BEI GRIN MACHT SICH IHR WISSEN BEZAHLT

- Wir veröffentlichen Ihre Hausarbeit, Bachelor- und Masterarbeit
- Ihr eigenes eBook und Buch - weltweit in allen wichtigen Shops
- Verdienen Sie an jedem Verkauf

Jetzt bei www.GRIN.com hochladen und kostenlos publizieren

Bibliografische Information der Deutschen Nationalbibliothek:

Die Deutsche Bibliothek verzeichnet diese Publikation in der Deutschen Nationalbibliografie; detaillierte bibliografische Daten sind im Internet über http://dnb.d-nb.de/ abrufbar.

Dieses Werk sowie alle darin enthaltenen einzelnen Beiträge und Abbildungen sind urheberrechtlich geschützt. Jede Verwertung, die nicht ausdrücklich vom Urheberrechtsschutz zugelassen ist, bedarf der vorherigen Zustimmung des Verlages. Das gilt insbesondere für Vervielfältigungen, Bearbeitungen, Übersetzungen, Mikroverfilmungen, Auswertungen durch Datenbanken und für die Einspeicherung und Verarbeitung in elektronische Systeme. Alle Rechte, auch die des auszugsweisen Nachdrucks, der fotomechanischen Wiedergabe (einschließlich Mikrokopie) sowie der Auswertung durch Datenbanken oder ähnliche Einrichtungen, vorbehalten.

Impressum:

Copyright © 2016 GRIN Verlag
Druck und Bindung: Books on Demand GmbH, Norderstedt Germany
ISBN: 9783668467835

Dieses Buch bei GRIN:

https://www.grin.com/document/368408

Alexander Dickopf

Reputation Management mit Facebook. Chancen und Risiken

GRIN Verlag

GRIN - Your knowledge has value

Der GRIN Verlag publiziert seit 1998 wissenschaftliche Arbeiten von Studenten, Hochschullehrern und anderen Akademikern als eBook und gedrucktes Buch. Die Verlagswebsite www.grin.com ist die ideale Plattform zur Veröffentlichung von Hausarbeiten, Abschlussarbeiten, wissenschaftlichen Aufsätzen, Dissertationen und Fachbüchern.

Besuchen Sie uns im Internet:

http://www.grin.com/

http://www.facebook.com/grincom

http://www.twitter.com/grin_com

Hausarbeit

im Wintersemester 2016/17

Reputation Management mit Facebook: Chancen und Risiken

Inhaltsverzeichnis

Abbildungsverzeichnis III
Abkürzungsverzeichnis IV
1 Einleitung 1
    1.1 Hintergrund 1
    1.2 Zielsetzung 1
2 Reputation Management 2
    2.1 Definition und Merkmale 2
    2.2 Maßnahmen im Reputation Management 3
    2.3 Online Reputation Management 4
    2.4 Facebook als Instrument im Reputation Management 4
3 Chancen und Risiken mit Facebook 5
    3.1 Chancen 5
    3.2 Risiken 5
4 Fazit und Ausblick 7
Literaturverzeichnis 8

Abbildungsverzeichnis

Abbildung 1: Schema Reputation; Quelle: Eigene Darstellung 3

Abkürzungsverzeichnis

ORM   Online Reputation Management

SEO   Search Engine Optimization

1 Einleitung

1.1 Hintergrund

Gegenstand der vorliegenden Arbeit ist die stetig wachsende Bedeutung von Reputation Management in dem sozialen Netzwerk Facebook und dessen Auswirkungen in Form von Chancen und Risiken auf seine Nutzer. Innerhalb der letzten Jahre haben die Möglichkeiten für bewertende Kommunikation sowie Interaktion im Internet stark zugenommen und haben ihr Maximum bis heute noch nicht erreicht, weshalb dem Reputation Management im digitalen Zeitalter vermehrt eine tragende Rolle in der Unternehmenskommunikation zugeschrieben wird.

Beeinflusst durch die steigende Popularität und dem damit einhergehenden enormen Wachstum von sozialen Netzwerken, insbesondere von Facebook, kommt der Selbstdarstellung einzelner Unternehmen wie Privatpersonen im Internet eine immer größer werdende Bedeutung zu. Auf Blogs, in sozialen Netzwerken, Foren oder Chats werden die Handlungen ihrer Akteure zum Spielball der digitalen Gesellschaft. In Zeiten digitaler Selbstdarstellung ist eine gute Reputation sowohl für Unternehmen, aber auch für private Internetnutzer wichtiger denn je. Der wirtschaftliche Erfolg einer Organisation, aber auch dessen gesellschaftliche Akzeptanz können heutzutage durch die schnelle Meinungsbildung und die daraus resultierende Reputation im Internet rasant beeinflusst werden.

Neben der Möglichkeit, den guten Ruf eines Unternehmens durch Reputation Management in der Öffentlichkeit zu wahren oder sogar zu verbessern, besteht in gleichem Maße das Risiko, einen massiven Schaden davonzutragen.

1.2 Zielsetzung

Die vorliegende Hausarbeit wurde mit der Zielsetzung durchgeführt, die Funktionsweise von Reputation Management darzulegen und nachfolgend Chancen und Risiken bei dessen Verwendung im sozialen Netzwerks Facebook für Organisationen und Internetnutzer herauszuarbeiten. Letztendlich soll aufgezeigt werden, wie Facebook aus Sicht der Unternehmenskommunikation für Reputation Management genutzt werden kann und welche Erfolgsfaktoren es dabei zu beachten gilt.

Im der Arbeit wird aus Gründen der Fokussierung nur auf das Reputation Management in Verbindung mit Unternehmen eingegangen, weshalb das Reputation Management bei Privatpersonen in dieser Ausführung unbehandelt bleibt.

2 Reputation Management

2.1 Definition und Merkmale

Die Definition für Reputation Management lautet nach dem Gabler Wirtschaftslexikon wie folgt: „Das Reputationsmanagement umfasst Planung, Aufbau, Pflege, Steuerung und Kontrolle des Rufs einer Organisation gegenüber allen relevanten Stakeholdern."[1] Das bedeutet, dass sich der immaterielle Wert der Anerkennung eines Unternehmens oder einer Organisation mit Hilfe von gewissen Maßnahmen steuern lässt.

Als Reputation selbst wird der Ruf eines Unternehmens bezeichnet, welcher meist auch mit dem Unternehmensimage bzw. der Wahrnehmung eines Unternehmens in der Öffentlichkeit aus der Perspektive der Stakeholder gleichgesetzt wird. Dieser Ruf stellt für Dritte einen Informationsstand da, für wie vertrauensvoll sie das Unternehmen oder die Organisation erachten. Vertrauen gilt innerhalb des Reputation Managements als zentraler Aspekt, ist sie als subjektive Wertung einzustufen.[2]

Weiterhin gilt, dass sich weder eine Organisation noch eine Privatperson eine gute Reputation selbst zusprechen kann, da das Verhältnis immer aus einem Reputationsgeber und einem Reputationsnehmer besteht. Wird also eine gewisse Erwartungshaltung der Stakeholder gegenüber dem Unternehmen, sprich dem Träger, erfüllt, steigt dessen Reputation. Im umgekehrten Sinne fällt der Ruf eines Trägers mit Nichterfüllung der Erwartungen der Stakeholder. Diese Erwartungshaltung wird durch direkten Kontakt zum Träger, persönliche Erfahrungen und Leistungen des Trägers beeinflusst. Nicht zuletzt spielt hierbei der kommunikative Austausch der Reputationsgeber in der Öffentlichkeit und in sozialen Netzwerken eine wesentliche Rolle. Der Ruf beschreibt demnach die Qualität der Bekanntheit der Organisation innerhalb einer Stakeholdergruppe. Gerade in Zeiten von digitaler Massenkommunikation und Informationsüberflutung ist die Unternehmensreputation zu einer immateriellen zentralen Einheit in Bezug auf Orientierung unter den Stakeholdern geworden.[3]

Insgesamt kann Reputation Management als eine dauerhafte Orientierung an Anerkennungskriterien der Reputationsgeber definiert werden.[4]

---

[1] Gabler Wirtschaftslexikon (Hrsg.) 2016b
[2] Vgl. Gabler Wirtschaftslexikon (Hrsg.) 2016a
[3] Vgl. Grabs/Bannour/Vogel 2014, 241
[4] Vgl. Peters 2011: 60

2 Reputation Management

Abbildung 1: Schema Reputation; Quelle: Eigene Darstellung.

Das Schaubild stellt das Verhältnis von Reputationsgeber und Reputationsträger zueinander dar und veranschaulicht, wo Reputation Management zum Einsatz kommt. Innerhalb der Kommunikation zwischen den beiden Seiten kann das Reputation Management eingesetzt werden, um den Informationsfluss positiv zu verändern.

2.2 Maßnahmen im Reputation Management

Innerhalb des Reputation Managements gibt es spezielle Maßnahmen, welche zum Einsatz kommen, um den Ruf einer Organisation zu kontrollieren. Anzumerken ist, dass jede einzelne dieser Maßnahmen genau auf das Problem zugeschnitten sein muss. Ziel der Maßnahmen ist es, so Einfluss auf die öffentliche Meinung und die Reputation zu nehmen, sodass sich der Ruf des Unternehmens verbessert.

So können beispielsweise das Verbreiten positiver Inhalte über ein Unternehmen in Blogs, sozialen Netzwerken, Pressemitteilungen oder Bewertungen die Haltung der Stakeholder gegenüber dem Unternehmen mitbeeinflussen. Das Streuen von Fake-Beiträgen in verschiedenen Medien kann diese Meinungs- und Vertrauensbildung unterstützen.

Zudem bietet sich durch sogenannte Suchmaschinenoptimierung, englisch Search Engine Optimization[5] (SEO) die Möglichkeit, diese positiven Inhalte im Ranking zu verbessern, sodass dem Nutzer in der Suchmaschine diese Inhalte als erstes angezeigt werden.

Neben der Möglichkeit, positive Beiträge zu vermehren, können Unternehmen ebenfalls aktiv gegen unerwünschte, negative Beiträge vorgehen. Jedoch ist das Ändern oder gar Löschen eines solchen Beitrags gewagt, da ein Eingriff dieser Art weitere negative Berichterstattung auslösen und die negative Reputation intensivieren kann. Hier wird von

---

[5] Search Engine Optimization beschreibt alle Maßnahmen, die das Ziel verfolgen, Websites in den organischen Suchergebnissen in Suchmaschinen auf höheren Plätzen gerankt werden. Vgl. Vertical Media GmbH (Hrsg.) 2016.

einem Streisand-Effekt gesprochen. Der ursprüngliche Versuch, eine negative Meinung zu unterdrücken, verkehrt sich ins Gegenteil und löst demnach weitere negative Reaktionen aus.[6]

2.3 Online Reputation Management

Das sogenannte Online Reputation Management (ORM) gilt als Unterkategorie des üblichen Reputation Managements und beschäftigt sich insbesondere mit der Pflege eines Unternehmensrufes im digitalen Bereich. In Zeiten von interpersonaler Massenkommunikation werden unsichtbare Kommunikatoren und Inhalte in sozialen Netzwerken wie Facebook sichtbar und für jedermann öffentlich zugänglich gemacht.[7] Seitdem eine gute Unternehmensreputation ein wesentlicher Erfolgsfaktor geworden ist, ist es für viele Unternehmen wichtig, ein positives Abbild ihrer selbst im Internet zu vermitteln und wenden deshalb ORM an.[8] ORM umfasst insbesondere die Überwachung der Platzierung im Ranking bei Suchmaschinen, welche positiv beeinflusst werden soll. Als soziales Medium lässt sich Facebook somit dem ORM unterordnen.

2.4 Facebook als Instrument im Reputation Management

Mit dem stetig voranschreitenden Wachstum an digitalen Inhalten und Nutzern in sozialen Netzwerken, nehmen gleichzeitig die Möglichkeiten für Endverbraucher zu, ihre Meinungen und Rezensionen rasant zu teilen. Gerade für Unternehmen als Reputationsträger bietet Facebook eine Plattform, um sich mit den Bedürfnissen der Kunden zeitgemäß und vor allem reaktionsschnell auseinanderzusetzen.

Facebook kann von Unternehmen in aktiver oder passiver Weise genutzt werden. So können öffentliche Meinungen und Reputation eines Unternehmens beispielsweise lediglich beobachtet werden, ohne dass in die aktuelle Meinungsbildung eingegriffen wird. Wird von Unternehmen nicht eingegriffen und lediglich Daten gesammelt und analysiert, spricht man vom sogenannten Web- bzw. Social-Media-Monitoring.[9] In jeden Fall ist es für das Unternehmen essentiell, eine dauerhafte Orientierung an den Anerkennungskriterien vorzunehmen, welche es gleichermaßen aus Web-Monitoring und aktivem Reputation Management gewinnt. Denn Facebook bietet als Netzwerkplattform nicht nur eine Basis zur Kontaktpflege, sondern ebenso Inhalte zur Unterhaltung, Information sowie Gewinnspiele, die den Reputationsgebern zu materiellem Vorteil verhelfen können. Im Falle eines Gewinns, steigt so auch die Anerkennung für das jeweilige Unternehmen.[10]

---

[6] Vgl. OnPage.org GmbH (Hrsg.) 2016b
[7] Vgl. Peters 2011: 150
[8] Vgl. Peters 2011: 145
[9] Vgl. VICO Research & Consulting GmbH (Hrsg.) 2016
[10] Vgl. Grabs/Bannour/Vogel 2014: 286

3 Chancen und Risiken mit Facebook

Wie bereits in Kapitel 2 erläutert beinhaltet Reputation Management Aufbau, Erhalt und Pflege der Unternehmensreputation. Gerade in Bezug auf digitale Kommunikation und soziale Netzwerke bieten sich deshalb Chancen wie Risiken für Reputationsträger, die anschließend beleuchtet werden.

3.1 Chancen

Wie bereits in Kapitel 2 beschrieben findet zwischen Reputationsträgern und Gebern ein gewisser Austausch an Informationen statt, welcher in einer gewissen Reputation des Trägers mündet. Da dieser Austausch vermehrt digital stattfindet, können diese Einblicke in den direkten Austausch als Chance gesehen werden, Transparenz zu erzeugen. Insgesamt kann so ein Vertrauenszuwachs auf Verbraucher- und Geschäftspartnerseite generiert werden. Aktive und relevante Kommunikation mit dem Kunden, sogenanntes Audience Engagement, kann dazu beitragen, dass Kunden dem Unternehmen loyaler gegenüberstehen und das Vertrauen stärken.[11] Zudem besteht die Möglichkeit durch den korrekten Einsatz von Reputation Management auf Facebook die Kundenbindung zu verbessern und die Präsenz eines Unternehmens zu steigern. Gleichzeitig wird die Gefahr durch beleidigende oder negative Beiträge verringert, da das Unternehmen aktiv dagegen vorgeht. Facebook bietet dem Unternehmen als soziales Netzwerk zusätzliche Informationsquellen und außerdem die Möglichkeit, schnell auf negative Beiträge und Meinungen zu reagieren. Die eigene Reputation kann durch die Nutzung von Facebook überwacht und gesteuert werden. Diese Durchsichtbarkeit kann als Beobachtung von Reaktionen und eigenem Verhalten dienen.[12]

Insgesamt kann durch die korrekte Anwendung von Reputation Management in Facebook der Aufbau und anschließende Erhalt eines guten Rufs in den digitalen Medien und sozialen Netzwerken möglich gemacht werden und die positive Wahrnehmung des Unternehmens gesteigert sowie verbreitet werden.

3.2 Risiken

Neben den Chancen gibt es jedoch ebenso Risiken, mit denen sich Unternehmen zwangläufig bei der Nutzung von Reputation Management befassen müssen.

Durch die wachsende Menge an Inhalten und eine damit einhergehende steigende Komplexität, sind Unternehmen dazu aufgefordert, eine größere Vielfalt an Inhalten zu überprüfen.[13] Zusätzlich tritt mit einer steigenden Vielfalt meist auch eine sinkende Qualität der

---

[11] Vgl. Experian Deutschland GmbH (Hrsg.) 2016
[12] Vgl. Peters 2011: 158
[13] Vgl. Peters 2011: 155

Beiträge auf, die in der Veröffentlichung von falschen Informationen oder dem Übersehen von reputationsrelevanten Inhalten enden kann.[14]

Weitere Risiken bestehen in der hohen Anzahl an Kommunikatoren und dem damit verbundenen relativen Verlust von Einflussmöglichkeiten. Bei dem Versuch, Beiträge zu entfernen kann gegebenenfalls der Streisand-Effekt eintreten, gefolgt von einem Shitstorm. Unter einem Shitstorm versteht man lawinenartige Überflutung an negativer Kritik, welche sich in sozialen Netzwerken gegen Unternehmen, Organisationen oder einzelne Personen richten kann.[15] Einen Shitstorm gab es beispielsweise bei SkyGo im Jahr 2014, als es bei dem Revierderby von Dortmund gegen Schalke zu einem Log-In-Fehler kam. Neben Hass-Kommentaren und Beleidigungen in den sozialen Netzwerken, forderten sogar einige Fans Schadensersatz.[16]

Die Risiken bestehen demnach im Wesentlichen aus Unvorhersehbarkeit der Beiträge und einer schwierigen Planbarkeit.

---

[14] Vgl. Peters 2011: 157
[15] Vgl. OnPage.org GmbH (Hrsg.) 2016a
[16] Vgl. Business-on.de Christian Weis GmbH (Hrsg.) 2016

4 Fazit und Ausblick

Digitalisierung, Informationsüberflutung und schnelle Massenkommunikation, die überwiegend digital erfolgt, führen dazu, dass heutzutage Reputation Management in den sozialen Netzwerken, insbesondere in Facebook, eine tragende Rolle zukommt.

Mit Hilfe von Facebook können Unternehmen nicht nur erfolgreiches Monitoring bei ihren Stakeholdern betreiben, sondern ebenso aktiv in den Prozess der Meinungsbildung eingreifen. Durch ein hohes Audience Engagement kann das Vertrauen und die Loyalität der Reputationsgeber gegenüber dem Unternehmen gesteigert werden und letztendlich auch dessen Ruf. Die Endkunden können für Produkte, Dienstleistungen oder das Unternehmen selbst begeistert werden, mit dem sie über Facebook kommunizieren. Weitere Chancen bei der Verwendung von Facebook im Reputation Management bieten sich mit dem transparenten Kommunikationsprozess, der das Vertrauen gegenüber dem Unternehmen ebenfalls stärken kann.

Dabei sollten Unternehmen stets die Vielfalt an Kommunikatoren beachten, deren Handeln nicht genau vorhergesagt werden kann. Risiken finden sich weiterhin in der Handhabung von negativen Beiträgen, die durch falsche Behandlung einen Streisand-Effekt oder gar Shitstorm auslösen können.

Negative beiträge werden in Zukunft nicht vermieden werden können. Unternehmen bleibt jedoch die Möglichkeit, durch aktives Reputation Management ihrem negativen Ruf entgegenzuwirken. Durch Facebook bieten sich den Reputationsträgern Chancen, ihre Stakeholder zu begeistern und deren Vertrauen zu gewinnen.

Literaturverzeichnis

Business-on.de Christian Weis GmbH (Hrsg.) (2016): Die bislang größten Facebook-Shitstorms 2014. (http://www.business-on.de/koeln-bonn/facebook-shitstorms-_id37501.html). Abgerufen am 3.11.2016.

Experian Deutschland GmbH (Hrsg.) (2016): Definition Audience Engagement - Wie aktivieren Sie Ihre Zielgruppe? (http://www.experian.de/glossar/audience-engagement.html). Abgerufen am 3.11.2016.

Grabs, A., Bannour, K.,Vogl, E. (2014): Follow me!: erfolgreiches Social-Media-Marketing mit Facebook, Twitter und Co. 3. Auflage, Bonn: Galileo Press.

OnPage.org GmbH (Hrsg.) (2016a): Wiki, Stichwort: Shitstorm. (https://de.onpage.org/wiki/Shitstorm). Abgerufen am 1.11.2016.

OnPage.org GmbH (Hrsg.) (2016b): Wiki, Stichwort: Streisand-Effekt. (https://de.onpage.org/wiki/Streisand-Effekt). Abgerufem am 27.10.2016

Peters, P. (2011): Reputationsmanagement im Social Web : Risiken und Chancen von Social Media für Unternehmen, Reputation und Kommunikation. Köln: Social-Media-Verl.

Springer Gabler Verlag (Hrsg.) (2016a): Gabler Wirtschaftslexikon, Stichwort: Reputation. (http://wirtschaftslexikon.gabler.de/Definition/reputation.html) Abgerufen am 18.10.2016.

Springer Gabler Verlag (Hrsg.) (2016b): Gabler Wirtschaftslexikon, Stichwort: Reputationsmanagement. (http://wirtschaftslexikon.gabler.de/Archiv/569790/reputationsmanagement-v7.html) Abgerufen am 18.10.2016.

Vertical Media GmbH (Hrsg.) (2016): Lexikon, Begriff: Suchmaschinenoptimierung. URL: (http://www.gruenderszene.de/lexikon/begriffe/suchmaschinenoptimierung-seo) Abgerufen am 27.10.2016.

VICO Research & Consulting GmbH (Hrsg.) (2016): Was ist Web-Monitoring?: (http://www.web-monitoring.org/was-ist-web-monitoring.htm) Abgerufen am 27.10.2016

BEI GRIN MACHT SICH IHR WISSEN BEZAHLT

- Wir veröffentlichen Ihre Hausarbeit, Bachelor- und Masterarbeit

- Ihr eigenes eBook und Buch - weltweit in allen wichtigen Shops

- Verdienen Sie an jedem Verkauf

Jetzt bei www.GRIN.com hochladen und kostenlos publizieren